Anna und Leon stellen sich vor – Über sich selbst schreiben

1 Ich-Reimgeschichten
Leon denkt sich eine Ich-Reimgeschichte aus:

Es ist draußen heiß
und ich esse Eis.
Mein Name ist Leon, ich bin sieben
und habe das hier aufgeschrieben.

a Jetzt schreibt Anna eine Ich-Reimgeschichte. Ergänze.

Mein Ball ist sehr bunt.

Ich spiele mit meinem ____________ .

Er macht die tollsten Sachen.

Da muss man drüber ____________ .

b Schreibe eine Ich-Reimgeschichte mithilfe der Ideenbox.
Wähle die passenden Reime aus.

Morgen möchte ich ______

und mir ______.

Doch darf ich ______,

zuvor mein Zimmer ______.

Ideenbox: einen Brief schreiben – ins Kino gehen – nicht übertreiben – nicht versäumen – einen Film ansehen – aufzuräumen

c Schreibe noch eine Ich-Reimgeschichte mithilfe der Ideenbox.
Wähle passende Reime aus.

Heute lass ich meinen Drachen ______.

Ich möchte ihn den Leuten ______.

Zum Fliegen braucht er sehr viel ______.

Darüber freu ich mich als ______!

Ideenbox: Wolken – zeigen – nehmen – Maus – Wind – Kind – steigen – sagen

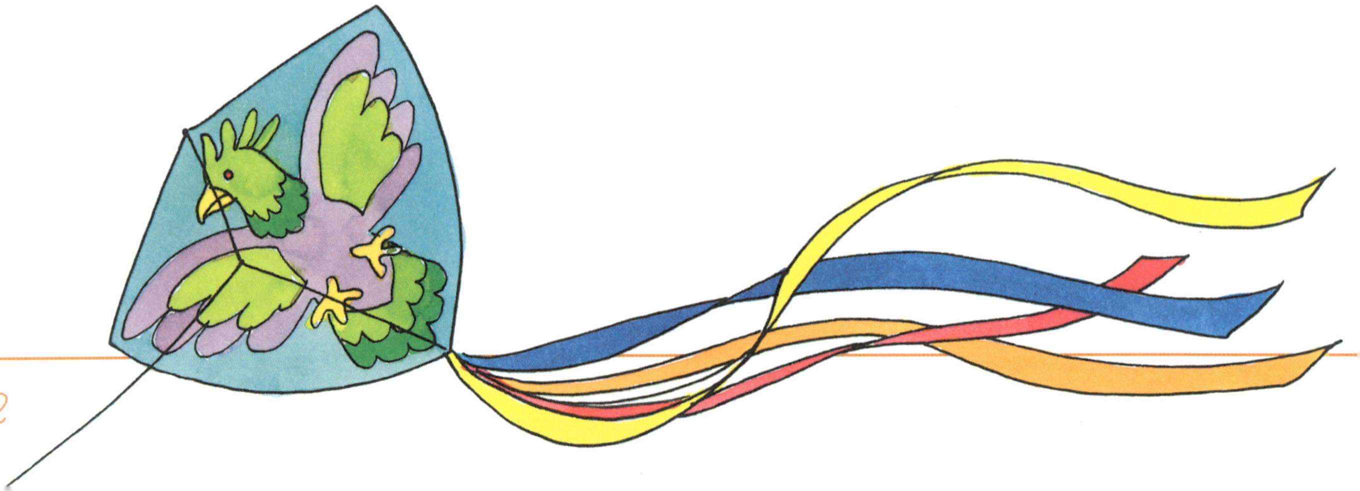

2 Meine Ich-Geschichte

Schreibe nun eine eigene Ich-Geschichte. Sie muss sich nicht reimen.
Die folgenden Fragen werden dir dabei helfen.
Die Reihenfolge der Antworten kannst du selbst bestimmen.

Wie alt bin ich?
Was mag ich sehr gerne?
Was mag ich gar nicht?
Welches Lieblingsfach habe ich?
Was mache ich am liebsten in der Freizeit?
Wer sind meine besten Freundinnen und Freunde?
Was schreibe ich noch?

Hallo, ich bin

Die Kinder der 2 b haben den Überblick – Merken und Notieren

3 Juhu, wir gehen wandern!

Die Kinder der Klasse 2 b freuen sich. Übermorgen ist Wandertag.
Herr Wagner geht mit den Kindern in die nahe gelegenen Wälder, wo auf die Klasse allerhand Überraschungen warten.
Weil die Kinder manchmal vergesslich sind, erinnert sie Herr Wagner:

Bitte, Kinder, denkt daran: Es kann jetzt im November schon sehr kalt werden.
Für übermorgen braucht ihr eine warme Mütze und einen dicken Schal. Zieht auf jeden Fall feste Schuhe an. Der Boden ist nass und rutschig.
Nehmt von zu Hause eine kräftige Brotzeit mit. Getränke könnt ihr unterwegs kaufen.
Vergesst auch nicht die 2 Euro für den Eintritt in das Waldmuseum.
Sagt euren Eltern, dass wir gegen 16 Uhr zurückkommen.
Notiert euch das bitte!

Anna notiert sich:

Wir kommen gegen 16.00 Uhr zurück. Ich brauche feste Schuhe. Mama soll mir die 2 € für das Museum mitgeben. Ich brauche eine kräftige Brotzeit. Ich denke an eine warme Mütze. Ich brauche einen dicken Schal.

Leon notiert sich:

Essen
Schuhe
Mütze
Schal
Geld
16.00 Uhr

Anna braucht ziemlich lange, um ihren Merkzettel zu schreiben, und wird gerade noch fertig damit. Leon schafft das sehr viel schneller. Zu Hause wundert sich aber Leons Mutter und sagt: „Es ist doch selbstverständlich, dass du Schuhe anhast! Und wie viel Geld soll ich dir mitgeben? Wofür braucht ihr es überhaupt?“

Auf einen **Merkzettel** schreibst du wichtige **Notizen**. Du brauchst keine ganzen Sätze zu schreiben. Die Notizen sollen **kurz** sein. Sie müssen aber **genau** sein. Ein Notizzettel ist eine wichtige **Merkhilfe** für viele Bereiche im täglichen Leben.

Schreibe nun deinen Merkzettel für den Wandertag.

Wichtig für den Wandertag:

F

4 Höfliche Kinder

Anna und Leon treffen sich auf dem Rathausplatz. Ein Mann mit einem Koffer schaut sich suchend um. Er ist vermutlich fremd hier. Anna und Leon fragen den Mann, ob sie etwas für ihn tun können. „Oh ja, Kinder! Ich suche das Meridian Hotel. Könnt ihr mir den Weg sagen? Das wäre nett!“

Leon erklärt: „Zuerst müssen Sie bis zur nächsten Kreuzung, wo die vielen Autos fahren. Sie können die Kreuzung von hier aus sehen. An der Kreuzung müssen Sie nach links gehen. Sie laufen weiter bis zur Kaiserstraße. In die Kaiserstraße biegen Sie rechts ein. Gehen Sie weiter, bis Sie zur nächsten Ampel kommen. An der Ampel müssen Sie nach links. Nach etwa 200 Metern sehen Sie dann das Hotel.“

Der Mann bedankt sich ganz herzlich bei Leon. Leider hat er sich nicht alles merken können. Leon will gerade den Weg nochmals erklären, da gibt Anna dem Mann einen Notizzettel. Sie hat nämlich Leons Erklärungen mitgeschrieben.

Weißt du den Weg noch? Vervollständige den Notizzettel.

An der Kreuzung nach ______ . Weiter bis zur ______ . In die Kaiserstraße ______ einbiegen. Weiter bis zur ______ ______ . An der Ampel nach ______ . Meridian Hotel nach etwa ______ .

5 Annas Mutter muss sich eine Menge merken

Heute muss Annas Mutter nicht arbeiten. Am Morgen fährt Mama Anna zur Schule. Auf dem Rückweg holt sie Papas Anzug aus der Reinigung. Da darf sie den Abholschein nicht vergessen. Oma feiert morgen ihren Geburtstag. Mama sucht im Blumengeschäft einen Blumenstrauß aus. Die Waschmaschine ist kaputt. Die Männer von der Firma Waschfix kommen um 11 Uhr.

Am Nachmittag hat Mama endlich etwas Zeit für sich! Sie trifft sich mit ihrer Freundin Sarah zu Kaffee und Kuchen im Café Neubeis. Auf dem Rückweg kann Mama Anna vom Ballettunterricht abholen.

Anna schreibt für ihre Mutter einen Merkzettel:

Merkzettel für Mama!

Blumenstrauß für Oma,
Reinigung, Sarah,
kaputte Waschmaschine,
zur Schule fahren, Ballett

Tipp!
Überprüfe die Stichpunkte und ihre Reihenfolge ganz genau!

Der Merkzettel enthält noch nicht alle wichtigen Informationen.
Kannst du ihn verbessern?

Merkzettel für Mama!

-
-
-
-
-
-

Weihnachten bei Leon zu Hause – Vorgänge beschreiben und Briefe schreiben

6 Ein besonders schöner Christbaum!

Endlich ist Heiliger Abend! Leon und seine Schwester Heike dürfen mit Mama den Christbaum schmücken. Alles liegt im Wohnzimmer bereit: der Baum, die Kugeln, das Lametta, die Baumspitze, die Kerzen, der Christbaumständer, die Krippe.

So wird aus dem kahlen Baum ein wunderschöner Christbaum:

a Beschreibe, wie der Christbaum geschmückt wird.
Die Wörter aus der Ideenbox können dir dabei helfen.

Den Baum im ____________________.

Die Kerzen am Baum ____________________.

Die ____________________ am Baum ____________________.

Die ____________________ aufstecken.

Den Baum mit ____________________.

Die ____________________ vor den Baum stellen.

Ideenbox: Krippe – Lametta schmücken – Kugeln – verteilen – anbringen – Ständer befestigen – Baumspitze

b So hat Leon das Schmücken des Christbaumes beschrieben:

Ich stelle den Baum in den Ständer. Dann befestige ich die Kerzen am Baum. Dann verteile ich das Lametta am Baum. Dann stecke ich die Baumspitze auf. Dann stelle ich die Krippe vor den Baum. Dann ist der Christbaum geschmückt.

Wie du merkst, hat Leon alle Sätze mit „dann“ begonnen. Überarbeite nun seine Beschreibung. Verwende dazu die Wörter aus der Ideenbox.

____________________ befestige ich den Baum im Ständer.

Die Kerzen bringe ich ____________________ am Baum an.

____________________ verteile ich die Kugeln auf die Zweige.

____________________ verziere ich den Baum mit Lametta.

Die Baumspitze stecke ich ________ auf.

________ stelle ich die Krippe vor den Baum.

________ ist der Christbaum fertig geschmückt.

Ideenbox: endlich – nun – jetzt – zuerst – danach – anschließend – als Nächstes

7 Geschenke für die Großeltern

Das Christkind hat reichlich Geschenke gebracht.
Aber auch Leon und Heike haben Geschenke für ihre Großeltern.

Heike hat für Opa mit Mama zusammen Kekse gebacken. Sie weiß, dass Opa am liebsten Vanillekipferl und Schokoladenkekse mag. Deshalb hat sie extra diese beiden Sorten ausgesucht. Die Keksdose hat Heike selbst verziert und beklebt.

Leon hat für Oma einen Kalender gebastelt und für jeden Monat ein anderes Bild gemalt. Außerdem hat er die Geburtstage aller Verwandten rot umkringelt und die Namen neben das Datum geschrieben. Das soll Oma helfen, keinen Geburtstag zu vergessen. Sie ist nämlich in letzter Zeit ein bisschen vergesslich geworden.

Mama sagt zu den Kindern: „Ihr müsst aber auch noch Briefe zu den Geschenken schreiben!“
Am nächsten Nachmittag setzen sich Heike und Leon hin und schreiben die Briefe.

Heike schreibt:

Lieber Opa,

ich habe dir Plätzchen gebacken. Ich hoffe, sie ~~schma~~ schmecken dir. Ich grüße ganz herzlich und wünsche dir ~~ale~~ alles Gute.

deine Heike

Im **Brief kannst** du die Wörter „du“, „dein“, dich“ und „dir“ **großschreiben**.
Einen persönlichen Brief solltest du in deiner schönsten **Schrift** schreiben.
Du streichst nichts durch!

a Überarbeite Heikes Brief. Vielleicht fällt dir auch noch etwas ein, was du hinzufügen könntest? Lies nochmals den Text auf Seite 10 durch.

Lieber Opa,

Deine Heike

b Kannst du Leon helfen, den Brief zu Ende zu schreiben?

Liebe Oma,

ich wünsche Dir frohe Weihnachten! Ich hoffe, Du freust Dich über mein Geschenk. Ich habe Dir nämlich einen Kalender gebastelt. Für jeden Monat habe ich ein Bild gemalt! Das war vielleicht eine Arbeit!

Weil du so vergesslich bist, habe ich

Es grüßt Dich vielmals Dein Leon

8 **Unbezahlbare Geschenke**

Weihnachten ist ein Fest des Schenkens. Alle freuen sich über die Geschenke. Es gibt aber auch Geschenke, die man nicht kaufen kann.

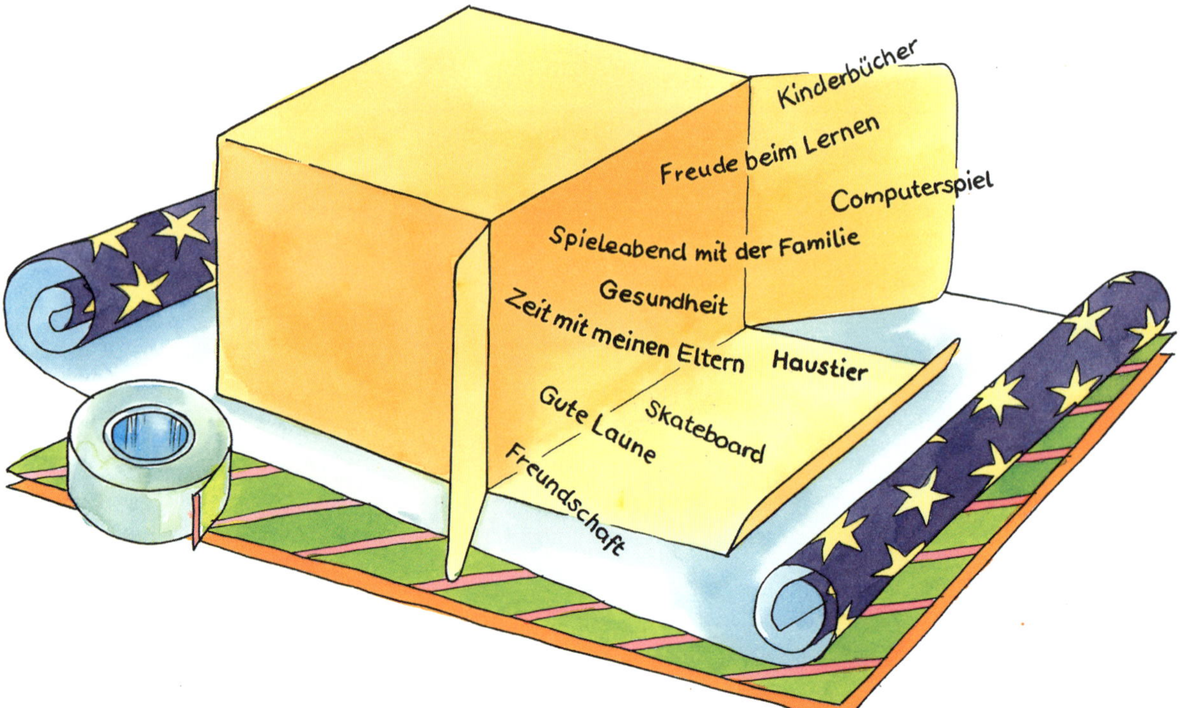

a Schreibe die Geschenke im Geschenkpaket auf, die man nicht kaufen kann.

b Schreibe deine Ideen zu den Geschenken auf, die nicht für Geld zu haben sind. Die Ideenbox kann dir dabei helfen.

Ich wünsche mir viel Zeit ______________________ .

Ich wünsche mir, dass meine Großeltern ______________________

______________________ . Es wäre schön, wenn meine beste

Freundin/mein bester Freund ______________________ .

Ich gehe gerne zur Schule und wünsche mir, dass ______________________

______________________ .

Ideenbox: mir das Lernen weiterhin Freude macht – immer zu mir hält – mit meinen Eltern – noch lange gesund bleiben

c Was ich mir noch wünsche:

Die 2 b ist fabelhaft! – Geschichten zu Ende erzählen und neue Geschichten erzählen

9 Die Taube und die Ameise

Eine durstige Taube flog an einem heißen Sommertag zu einem Bächlein. Sie neigte ihren Kopf, tauchte den Schnabel in das Wasser und trank gierig. Da sah sie eine Ameise, die in den Bach gefallen war. Die Ameise strampelte mit ihren dünnen Beinchen und versuchte mit aller Mühe, wieder an Land zu paddeln. Aber für sie war der kleine Bach ja wie ein wildes Meer und das arme Tierchen schaffte es nicht ans Ufer zurück. Die Taube bekam Mitleid, knickte einen dicken Grasstängel ab und warf ihn der Ameise zu. Schnell krabbelte die Ameise auf den Halm und von dort an das sichere Land.

Die Taube gurrte zufrieden und trank weiter.

Da kam ein Junge angeschlichen. Er hatte einen Bogen angefertigt und Pfeile geschnitzt. Diese Waffe wollte er nun ausprobieren.

„Haha, dich kriege ich“, lachte er leise, als er die Taube sah, und spannte den Bogen.

a Mit welchem Satz könnte die Geschichte weitergehen? Schreibe ihn auf die Zeile.

b Schreibe die Geschichte zu Ende. Die Vorschläge aus der Ideenbox können dir dabei helfen. Schreibe anschaulich und lebendig.

Ideenbox:

Die Taube: bemerkt den Jungen nicht – ist in Gedanken versunken
Die Ameise: erkennt die Gefahr – klettert auf das Bein des Jungen – verspritzt ihr Gift
Der Junge: schreit – erschreckt die Taube

Tipp!
Wechsle dich bei den Satzanfängen ab und benutze Wiewörter (dankbar, mutig, wütend).

c Welcher Schlusssatz passt zu deiner Geschichte am besten? Kreuze an.

- ☐ Und so lebten Taube und Ameise noch lange glücklich und zufrieden.
- ☐ Die Taube und die Ameise wurden die besten Freunde.
- ☐ Die Ameise war sehr zufrieden, dass sie der Taube helfen konnte, und lief wohlgemut davon.

Oder hast du eine eigene Idee für einen Schlusssatz? Schreibe ihn auf.

10 Das Krokodil und der Vogel

Die Geschichte mit der Taube und der Ameise kannst du auch mit anderen Tieren schreiben. Anna schreibt folgende Geschichte:

Das Krokodil und der Vogel

Ein Krokodil lag da. Ein Vogel flog heran. Der Vogel setzte sich auf das Krokodil. Das Krokodil wollte den Vogel fressen. Das Krokodil ließ den Vogel fliegen. Eines Tages rettete der Vogel dem Krokodil das Leben.

STARK

a Annas Geschichte hat einige Stellen, die verbessert werden müssen. Unterstreiche diese Stellen im Text von Annas Geschichte auf Seite 16.

Wo lag das Krokodil?
im Wasser, am Ufer, auf einem Felsen in der Sonne, im hohen Gras

Welcher Vogel flog heran?
ein winziger Spatz, ein hungriger Fischreiher, ein stolzer Adler

Wohin setzte sich der Vogel genau?
in den geöffneten Rachen des Krokodils, vor die Schnauze des Krokodils

Warum lässt das Krokodil den Vogel wieder fliegen?
weil ihm sein Sonnenbad wichtiger ist, weil der Fischreiher ein Freund ist

Wie rettete der Vogel das Krokodil?

So schreibt Anna die Geschichte weiter:

Das gefräßige Krokodil hatte gerade eben einen fetten Fisch verspeist. Eine große, spitze Gräte blieb dabei im Rachen des Krokodils hängen. Das Krokodil bekam kaum mehr Luft. Es glaubte schon, elendig sterben zu müssen. Da kam ein Fischreiher vorbeigeflogen. Er sah, dass das Krokodil nach Luft schnappte. „Sperr dein Maul ganz weit auf!", befahl der Vogel. Der Fischreiher sah die Gräte und zog sie mit seinem langen Schnabel aus dem Rachen des Krokodils. Endlich konnte das Krokodil wieder richtig atmen. Es bedankte sich bei dem Reiher. „Gut, dass du mich damals nicht gefressen hast!", lachte der Vogel.

b Überarbeite den ersten Teil der Geschichte so, dass er zum zweiten Teil von Annas Geschichte passt.

Das Krokodil und der ______

Ein riesiges Krokodil lag ______

______. Nach einiger Zeit flog ein

______ heran. Der unvorsichtige Vogel

setzte sich aus Versehen genau ______

______. Das Krokodil stieß einen

fürchterlichen Schrei aus und ______

______. Der ______

______ erschrak heftig und bat das Krokodil, ______

______. Der Reiher versprach,

das nächste Mal ______. Und er sagte zu dem

Krokodil: „______!“

Dem mächtigen Krokodil war sein Sonnenbad wichtiger und es ______:

„Das ist ja zum Lachen! ______!“

Es vergingen einige ______.

11 Der Löwe und die Maus

Ein Löwe lag auf der Waldlichtung. Der König der Tiere hatte eben gespeist und wollte sich ein Schläfchen gönnen. Eine Maus kam gerade vom Feld. Sie hatte sich einige Getreidekörner geholt. Die Maus war in Gedanken versunken und sah den Löwen nicht. Dummerweise trat sie auf eine seiner Pfoten. Der Löwe erwachte und packte die Maus erbost mit seinen mächtigen Pranken. Die Maus erschrak heftig und bat den Löwen, er möge ihr nichts tun. Da eine Maus sowieso keine würdige Mahlzeit für einen Löwen darstellt, ließ er sie gnädig laufen.

Einige Tage später wurde der Löwe von Jägern in einem Netz gefangen. So sehr er sich auch bemühte, er konnte sich nicht befreien. Er brüllte so laut, dass ihn die kleine Maus hörte. Sie rannte sofort zu dem Löwen. Doch was sollte sie tun? Die Maus dachte scharf nach und hatte plötzlich eine Idee!

Schreibe die Geschichte zu Ende.

Die Klasse 2 b lässt es sich schmecken – Rezepte schreiben

12 Eine bunte Salatschale

Die Kinder der Klasse 2 b haben bereits viel über richtige Ernährung gehört. Ein frischer Salat ist besonders gesund. In der Gruppe überlegen Anna, Leon, Nilay, Anton und Mia, wie sie ihren Salat anrichten.

Folgende Zutaten haben sie mitgebracht:
Tomaten, Karotten, eine Gurke, Walnüsse, rote und gelbe Paprika, einen Kopfsalat, Schnittlauch, Käse, Salz, Pfeffer, Öl und Essig

In einem **Rezept** musst du alle Zutaten genau angeben.
Wichtig ist die **richtige Reihenfolge der Tätigkeiten** bei der Zubereitung.
Bei den meisten Rezepten stehen die **Tunwörter (Verben)** in der **Grundform**.
Die Tunwörter (Verben) kann man aber auch in der **Sie-Form** verwenden.

Schreibe die einzelnen Tätigkeiten auf! Bediene dich aus der Ideenbox.

Das Gemüse __________. Die Tomaten __________

__________. Die Paprika

__________.

Die Gurke in Scheiben __________. Die Karotten __________

und __________. Den Kopfsalat __________. Den Käse

__________.

Den Schnittlauch __________. Den Salat

mit Essig, Öl, Salz und Pfeffer __________ und Schnittlauch

__________. Die Walnüsse auf dem Salat __________.

Ideenbox: in vier Teile schneiden – hobeln – in Würfel schneiden – würzen – verteilen – waschen – schälen – raspeln – klein schneiden – zerteilen – in Streifen schneiden – darüberstreuen

13 Lecker! Wir bereiten einen Pinocchio-Eisbecher zu

a Schreibe die Zutaten für den Pinocchio-Eisbecher auf!
Beachte: Zähle wirklich nur die Zutaten auf und nicht das Zubehör.

Zutaten:

b Das Rezept für den Pinocchio-Eisbecher

In einem **Rezept** kannst du die Tunwörter (Verben) auch in der **Wir-Form** verwenden. Wichtig ist die richtige **Reihenfolge** der Tätigkeiten bei der Zubereitung.

Schreibe das Rezept in der Wir-Form. Verwende die Vorschläge aus der Ideenbox. Achte auf die Reihenfolge.

Wir füllen zunächst etwa 50 Gramm

.

Danach legen wir eine Eiskugel

.

Anschließend setzen wir eine zweite Kugel

.

Die Waffeltüte setzen wir jetzt umgekehrt ______________________

______________________ . Wir drücken ein Smartie

als Nase und zwei Smarties als Augen ______________________ .

______________________ . Zum ____________ streuen

wir noch ein paar Smarties ______________________ .

Ideenbox: jetzt die Waffeltüte umgekehrt auf die zweite Eiskugel setzen – anschließend eine zweite Eiskugel auf die erste setzen – zunächst etwa 50 Gramm Sahne in die Eisschale füllen – zum Schluss noch ein paar Smarties über die Sahne streuen – danach eine Eiskugel auf die Sahne legen – hinterher ein Smartie als Nase und zwei Smarties als Augen in die zweite Eiskugel drücken

c Kannst du das Rezept auch in der Ich-Form aufschreiben?

Anna und Leon erziehen den Hund Nico – Zu Bildern eine Geschichte schreiben

14 Eine Bildergeschichte betrachten

a Wie heißen die Personen? Wie heißt der Hund? Um welche Gebäcksorte geht es?

Name des Mädchens: ____________ Name des Jungen: ____________

Name des Hundes: ____________ Gebäcksorte: ____________

b Schau dir die Bilder auf der Seite 24 genau an. Zu welchem Bild gehört welcher Satz? Ergänze den Satz und schreibe die richtige Bildnummer in das Kästchen.

☐ ____________ schimpft mit ____________ .

☐ ____________ bietet ihrem Hund ____________ ein ____________ an.

☐ Im Wohnzimmer sitzt ____________ gemütlich auf dem ____________ und isst die ____________ .

☐ ____________ zerrt ihren Hund ____________ in die Küche.

1. ____________ steht in der Küche vor der leeren ____________ .

☐ ____________ stapft wütend aus der Küche ins Wohnzimmer.

15 Eine Bildergeschichte beschreiben

So beschreibt Annas Freundin Mia die Geschichte:

Anna steht in der Küche vor der leeren Keksdose. Sie zerrt ihren Hund Nico herbei. Anna schimpft mit ihrem Hund. Anna geht ins Wohnzimmer. Da sitzt Leon auf dem Sofa und isst die Kekse. Anna gibt Nico eine Torte.

Eine **Bildergeschichte** wird lebendiger, wenn du schreibst, was die Figuren der Handlung **tun** oder **denken**.
Eine Bildergeschichte erzählst du meist in der **Gegenwart**.
Die **Reihenfolge der Bilder** musst du einhalten.

a Bild 1 und Bild 2: Suche passende Sätze.

Anna blickt fassungslos in die leere Keksdose. Sie denkt:

„ ____

____ “

Sofort hat sie einen Verdacht. Sie ruft:

„ ____

____ “

Anna holt ihren Hund Nico. Was könnte sie dabei sagen?
Schreibe den Satz, der am besten passt, in die leeren Zeilen oder denke dir einen eigenen aus.

→ Nun schau dir an, was du da angestellt hast!
→ Nico! Wo sind denn die Kekse hin?
→ Hat Nico etwa die Kekse gefressen?
→ Jetzt muss ich wieder neue Kekse mit Mama backen.

„ ____

____ “

b Bild 3: Schreibe, wie Anna mit ihrem Hund schimpft.
Die Vorschläge in der Ideenbox können dir helfen. Wähle drei Vorschläge aus!

Anna beginnt heftig mit ihrem Hund zu schimpfen. Das Mädchen tobt. Mit hochrotem Kopf redet sie auf Nico ein:

Ideenbox: Ja, du böser, böser Hund! – Ich bin gespannt, was Mama zu deinem Verhalten sagt! – Ab heute hast du in der Küche nichts mehr verloren! – Was hast du dir nur dabei gedacht? – Ich dachte, wir hätten dich schon erzogen!

c Bild 4 und Bild 5: Welche Sätze passen zu den Bildern? Kreuze die richtigen Sätze an!

- ☐ Anna springt ins Wohnzimmer.
- ☐ Anna geht wütend aus der Küche ins Wohnzimmer.
- ☐ Anna geht zur Gartentür hinaus.
- ☐ Leon liest gerade.
- ☐ Anna steht an der Tür und lächelt.
- ☐ Verdutzt steht Anna an der Tür.
- ☐ Leon isst genüsslich auf dem Sofa die Kekse.
- ☐ Leon sieht sehr zufrieden aus.
- ☐ Leon sieht sehr unzufrieden aus.
- ☐ Anna weiß nun: Nico ist unschuldig! Leon hat sich die Kekse genommen!

d Bild 6: Beantworte die folgenden Fragen:

Was tut Nico?
Wie ist sein Gesichtsausdruck?
Was tut Anna?
Was hat Anna für Nico?
Welche Absicht hat Anna?

Die Ideenbox kann dir helfen.
Baue aber auch eigene Ideen ein.

Ideenbox: Nico um Entschuldigung bitten – sich mit Nico versöhnen – im Körbchen liegen – eine schöne Torte – auf den Knien bitten – beleidigt die Schnauze nach oben halten

e Wie könnte die Geschichte ausgehen? Schreibe sie zu Ende!

16 **Wer sagt was? Wer denkt was?**
Diese Geschichte erlebt Leon mit Nico.
Was sagt Leon, was denkt wohl der Hund?

Ergänze die wörtliche Rede.

Nico hat gerade im Schlamm gespielt. „

“, denkt er. Als Leon ihn so

sieht, ruft er: „ “

Er versucht, Nico wieder sauberzumachen, und tunkt ihn ins Wasser.

„ “,

denkt Nico und schüttelt sich kräftig.

„ “,

bellt er fröhlich.

Die Klasse 2 b kann es nun! – Aufsätze zum Fürchten und zum Träumen

17 Das unheimliche Schloss

Jetzt bist du schon ein richtiger Profi im Geschichtenerzählen.
Lies den Anfang der Geschichte und schreibe eine richtige Gruselgeschichte.

In der Ideenbox kannst du dir Hilfe zum Schreiben holen.
Oder male das Bild aus, bestimmt kommen dir beim Malen gute Ideen.

Die Leser sollen deine **Angst** spüren. Versuche daher, deine Geschichte **anschaulich** zu gestalten. Alles kann in deiner Geschichte **möglich** sein.
Lass deiner **Fantasie** freien Lauf!

Das unheimliche Schloss ragte vor mir in die Höhe. Es war dunkel. Der Wind pfiff. Eine Eule schrie durch die Nacht. Ich öffnete die schwere Tür und stand plötzlich in einer dunklen Halle. Ganz hinten sah ich eine Gestalt …

Die schreckliche Gestalt packte mich am Arm. „Nein, nein, ich möchte nicht mitkommen!", schrie ich in meiner Verzweiflung. Ich riss die Augen auf und sah meine Mama. „Hast du vielleicht schlecht geträumt?", wollte sie wissen.

Ideenbox: **Angstwörter:** sich fürchten – zittern – schlottern – zusammenzucken – vor Schreck den Atem anhalten – eine Gänsehaut bekommen – die Haare zu Berge stehen – sich vor Schreck nicht bewegen können – das Entsetzen spüren
Wiewörter (Adjektive): unheimlich – gefährlich – schaurig – beängstigend – bedrohlich – abenteuerlich – grässlich

18 **Einen Tag lang bin ich …**

Du bist in einem geheimnisvollen Märchenwald. Plötzlich steht ein Zauberer vor dir. Er zaubert aus seinem Hut einen Wunschgutschein. Für einen Tag darfst du deine Wunschperson oder dein Wunschtier sein. Was möchtest du sein? Ein berühmter Fußballer? Eine bekannte Sängerin? Ein Tier? Überlege es dir!

Schreibe die Geschichte allein weiter.

Der Zaubergutschein

Ich hatte mich im Märchenwald verirrt. Nirgendwo schien es nach draußen zu gehen. An einer Wegbiegung hörte ich sanfte Musik. Plötzlich stand eine Gestalt vor mir. Es war ein Zauberer. „Du brauchst keine Angst vor mir zu haben. Ich möchte dir einen Wunsch erfüllen. Du darfst für einen Tag deine Wunschperson oder dein Wunschtier sein!“

Nachdem ich überlegt hatte, sagte ich dem Zauberer meinen Wunsch.

„Ich möchte für einen Tag ______ sein.“

„Warum denn?“, fragte der Zauberer verwundert. Ich erklärte ihm: